KB000805

매일 영어 루틴

영어회화 쓰기노트

영어회화 쓰기노트

지은이 넥서스콘텐츠개발팀
펴낸이 임상진
펴낸곳 (주)넥서스

초판 1쇄 발행 2015년 8월 1일
초판 9쇄 발행 2018년 10월 5일

2판 1쇄 발행 2021년 4월 9일
2판 6쇄 발행 2024년 11월 25일

출판신고 1992년 4월 3일 제311-2002-2호
10880 경기도 파주시 지목로 5
Tel (02)330-5500 Fax (02)330-5555

ISBN 979-11-6683-031-0 13740

www.nexusbook.com

영어회화 쓰기노트

넥서스콘텐츠개발팀 지음

넥서스

작문도 아니고... 회화를 쓰면서 공부한다고?

직접 말을 해 봐야 외국어 회화 실력이 는다는 것은 너무나 자명한 사실입니다. 하지만 눈으로 보고 입으로 따라 말하기를 반복하더라도, 공부한 문장이 잘 생각나지 않는 경우가 많습니다. 현실에서는 외국인과 직접 말해 볼 수 있는 기회가 흔치 않으니 금세 잊어버리게 되는 것이죠.

"어떻게 하면 공부한 문장을 오래 기억할 수 있을까?"

이 책은 이런 현실적인 고민에서 출발했습니다.

눈으로 보고, 입으로 말하고, 손으로 쓰고

고민의 답은 아이들이 처음 문자를 배우는 모습을 보면서 찾을 수 있었습니다. 아이들이 처음 '한글'을 배울 때 'ㄱ'이란 글자를 눈으로 보고, '기역'이라고 입으로 소리 내어 말을 하죠? 그리고 거기서 그치지 않고 노트에 연필로 'ㄱ'을 씁니다. 언어를 제대로 익힐 때는 이렇게 '쓰기' 과정을 거치게 됩니다. 언어를 제 것으로 만들려면 눈으로 읽고 입으로 말하는 것뿐만 아니라 '손으로 쓰는' 과정이 필요한 것이죠.

15일 후
생활회화 300문장
통암기!

쓰면
외워진다!

손으로 쓰면서 공부하면 입으로만 외는 것보다 훨씬 기억에 오래 남습니다. 손을 사용했을 때 우리의 뇌는 입력된 정보를 더 오래 기억하기 때문이죠. 익히고자 하는 문장을 손으로 쓰고(write) 소리 내어 말해 보면(and speak) 그 문장이 머릿속에 각인되어 온전히 내 것이 됩니다. 특히 문장을 통암기할 때 '쓰면서 외우는' 학습법은 더 효과적일 수 있습니다.

듣고→쓰고
→말하기
3단계 학습

'쓰기(writing)'가 분명 암기에 도움이 되지만, 무작정 여러 번 쓴다고 해서 그 문장을 외울 수 있는 것은 아닙니다. '듣기', '쓰기', '말하기'의 세 박자가 맞아야 합니다. 꼭 책에서 제시하는 3단계 학습법을 따라 해 주세요. 그냥 쓰기만 해서는 '손 고생'밖에 안 된답니다. 간단하고 쉬워 보여도 어떻게 하느냐에 따라 그 결과는 달라질 것입니다. 제대로 학습한다면 15일 후에는 생활회화 300문장을 통암기할 수 있게 됩니다.

이 책은 보기만 하는 영어 책이 아니라 여러분이 직접 쓰면서(write) 만들어 가는 책입니다.
세상에서 하나뿐인 나만의 영어 공부 노트를 만들어 보세요.
Good luck!

MP3 100% 활용법

듣기 귀찮으니 그냥 책만 보신다고요?
외국어 학습에서 음원 듣기는 필수입니다. 책만 보고 무작정 쓰는 노가다는 이제 그만!
이 책은 '일단 듣기'와 '회화 연습' 두 가지 버전의 MP3 파일을 제공합니다.

일단 듣기

우리말 해석과 영어 문장이 녹음되어 있습니다.
말 그대로 일단 먼저 들어 보세요. 책을 보지 않고 듣기만 해도 공부가 됩니다.

✓ check point!

- ☐ 원어민 발음을 확인한다.
- ☐ '이런 말을 영어로는 이렇게 하는구나' 이해한다.
- ☐ 들릴 때까지 반복해서 듣는다.

회화 연습

우리말 해석을 듣고 각자 영어로 말해 보세요.
2초 후에 나오는 원어민 음성을 들으면서 영어 표현을 확인합니다.

✓ check point!

- ☐ 제대로 외웠는지 확인한다.
- ☐ 원어민 발음에 가깝게 말하도록 반복 훈련한다.
- ☐ 우리말 해석을 듣고 바로 영어 표현이 생각나지 않는다면 다시 복습한다.

MP3 무료로 다운받기

1 www.nexusbook.com에서
도서명으로 검색하여 다운받으세요.

2 스마트폰에서 바로 듣기!
스마트폰으로 책 속의 **QR코드**를 찍어 보세요.

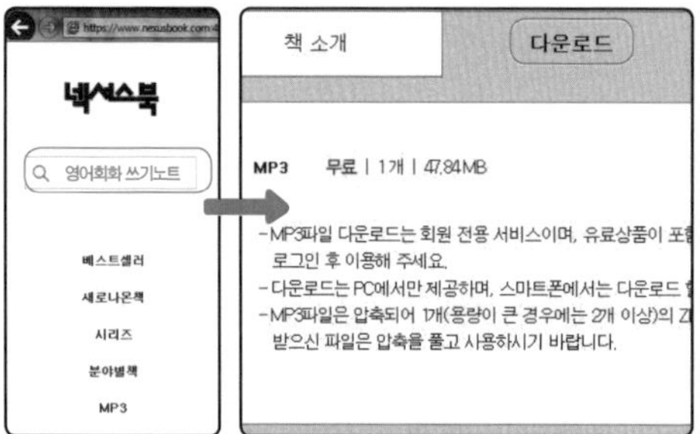

* '핵심 표현 체크하기'의 정답도 함께 다운받으세요.

차례

나 ______________ 은/는

영어회화쓰기 노트를

15일 동안 꾸준히 20문장씩 쓰면서

300문장을 암기하여

완전히 내것으로 만들겠다.

활용도 100%

맨날 쓰는 기초 표현

001-020

Most folks are about as happy as they make up their minds to be. _Abraham Lincoln

대부분의 사람들은 대체로 자기들이 마음먹은 만큼 행복하다.
_에이브러햄 링컨

듣기 회화

MP3 001-020

MP3 001-020

활용도 100%

맨날 쓰는 기초 표현

STEP 1 3번 듣고 영어 따라 써 보기

001

깜빡했어.

I forgot.

002

안 될 것 같아.

I'm afraid not.

003

너 먼저 해. / 먼저 가.

After you.

004

너 지금 뭐 해?

What are you doing now?

005

나 TV 봐.

I'm watching TV.

STEP 2 우리말 보고 영어로 2번 써 보기

STEP 3 3번 말하기

깜빡했어.

안 될 것 같아.

너 먼저 해. / 먼저 가.

너 지금 뭐 해?

나 TV 봐.

쓰다 보면
자동암기

STEP 1 3번 듣고 영어 따라 써 보기

006

늦어서 미안해.

I'm sorry I'm late.

007

내 잘못이야.

It's my fault.

008

늦잠 잤어.

I slept in.

009

잠 좀 자야겠어.

I'm going to bed.

010

그거 이리 줘.

Give it to me.

STEP 2 우리말 보고 영어로 2번 써 보기

STEP 3 3번 말하기

늦어서 미안해.

내 잘못이야.

늦잠 잤어.

잠 좀 자야겠어.

그거 이리 줘.

STEP 1 3번 듣고 영어 따라 써 보기

011

나 돈 없어.

I have no money.

012

감기 걸렸어.

I have a cold.

013

몸이 안 좋아. (나 아파.)

I'm sick.

014

참 안됐다.

That's too bad.

015

내 스타일 아니야. (걘 내 이상형이 아니야.)

He's not my type.

STEP 2 우리말 보고 영어로 2번 써 보기

STEP 3 3번 말하기

나 돈 없어.

감기 걸렸어.

몸이 안 좋아. (나 아파.)

참 안됐다.

내 스타일 아니야. (걘 내 이상형이 아니야.)

쓰면
머리에 쏙쏙

STEP 1 3번 듣고 영어 따라 써 보기

016

좀 쉬었다 하자.

Let's take a break.

017

내 말은 그게 아니라……

That's not what I said.

018

무슨 말인지 모르겠어.

I don't get it.

019

막 하려던 참이었어.

I was just about to.

020

너무 무리하진 마. (너무 열심히 일하진 마.)

Don't work too hard.

STEP 2 우리말 보고 영어로 2번 써 보기

STEP 3 3번 말하기

좀 쉬었다 하자.

내 말은 그게 아니라……

무슨 말인지 모르겠어.

막 하려던 참이었어.

너무 무리하진 마. (너무 열심히 일하진 마.)

핵심 표현 체크하기

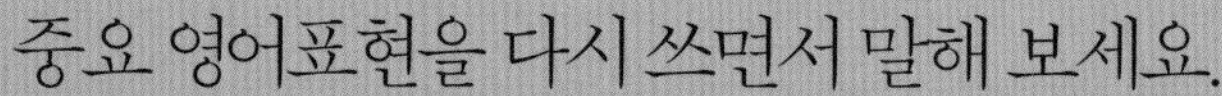

너 지금 뭐 해?

너 먼저 해. / 먼저 가.

내 잘못이야.

늦잠 잤어.

잠 좀 자야겠어.

나 돈 없어.

참 안됐다.

좀 쉬었다 하자.

무슨 말인지 모르겠어.

너무 무리하진 마.

만나서 반가워

인사하고 안부 묻기

021-040

Anyone who keeps the ability to see beauty never grows old. _Franz Kafka

누구든지 아름다움을 볼 수 있는 능력을 지니고 있는 한 절대로 늙지 않는다. _프란츠 카프카

듣기 회화

MP3 021-040

만나서 반가워

인사하고 안부 묻기

STEP 1 3번 듣고 영어 따라 써 보기

021

어떻게 지내?

How are you doing?

022

오랜만이야.

Long time no see.

023

너 하나도 안 변했다. (조금도 변한 게 없네.)

You haven't changed a bit.

024

몸은 좀 괜찮아?

Are you feeling OK?

025

다음에 보자! (나중에 보자.)

Catch you later!

STEP 2 우리말 보고 영어로 2번 써 보기

STEP 3 3번 말하기

어떻게 지내?

오랜만이야.

너 하나도 안 변했다. (조금도 변한 게 없네.)

몸은 좀 괜찮아?

다음에 보자! (나중에 보자.)

쓰다 보면
자동암기

STEP 1 3번 듣고 영어 따라 써 보기

여긴 어쩐 일이야? (네가 여긴 어떻게 왔어?)

What brings you here?

여기서 널 만나다니! (여기서 널 만날 줄은 생각도 못했어.)

I never thought I'd see you here!

다시 만나서 반가워. (다시 보니까 좋다.)

It's good to see you again.

얘기 많이 들었어요. (당신에 대해 많이 들었어요.)

I've heard a lot about you.

우리 만난 적 있죠? (만난 적이 있는 것 같은데요.)

I believe we've met.

STEP 2 우리말 보고 영어로 2번 써 보기

STEP 3 3번 말하기

여긴 어쩐 일이야? (네가 여긴 어떻게 왔어?)

여기서 널 만나다니! (여기서 널 만날 줄은 생각도 못했어.)

다시 만나서 반가워. (다시 보니까 좋다.)

얘기 많이 들었어요. (당신에 대해 많이 들었어요.)

우리 만난 적 있죠? (만난 적이 있는 것 같은데요.)

STEP 1 3번 듣고 영어 따라 써 보기

031

잘 지냈어? (그동안 어떻게 지냈어?)

How have you been doing?

032

이름을 잘 못 들었어요.

I didn't catch your name.

033

언제 또 보자. (다시 만나면 좋겠다.)

I hope to see you again.

034

꼭 한번 뵙고 싶었어요.

I've always wanted to see you.

035

뭐라고 감사 인사를 해야 할지. (고맙다는 말로는 충분하지 않네요. / 너무 너무 감사해요.)

I can't thank you enough.

STEP 2 우리말 보고 영어로 2번 써 보기

STEP 3 3번 말하기

잘 지냈어? (그동안 어떻게 지냈어?)

이름을 잘 못 들었어요.

언제 또 보자. (다시 만나면 좋겠다.)

꼭 한번 뵙고 싶었어요.

뭐라고 감사 인사를 해야 할지. (고맙다는 말로는 충분하지 않네요. / 너무 너무 감사해요.)

STEP 1 3번 듣고 영어 따라 써 보기

기분은 어때?

How are you feeling?

✎ ______________________________

잘 잤어? (안녕히 주무셨어요?)

Did you have a good night?

✎ ______________________________

연락해. (연락하고 지내자.)

Keep in touch.

✎ ______________________________

부인한테도 안부 전해 줘.

Say hello to your wife.

✎ ______________________________

집에 도착하면 문자 보내.

Text me when you get home.

✎ ______________________________

STEP 2 우리말 보고 영어로 2번 써 보기

STEP 3 3번 말하기

기분은 어때?

잘 잤어? (안녕히 주무셨어요?)

연락해. (연락하고 지내자.)

부인한테도 안부 전해 줘.

집에 도착하면 문자 보내.

핵심 표현 체크하기

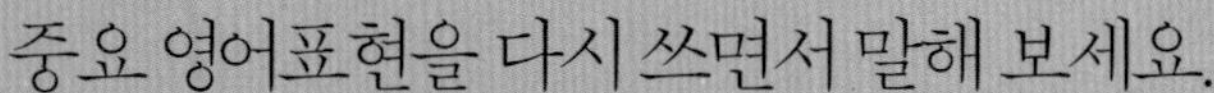

오랜만이야.

몸은 좀 괜찮아?

여긴 어쩐 일이야?

다시 만나서 반가워.

우리 만난 적 있죠?

이름을 잘 못 들었어요.

뭐라고 감사 인사를 해야 할지.

연락해.

부인한테도 안부 전해 줘.

집에 도착하면 문자 보내.

네 마음을 말해 봐

감정 대방출 표현 1

041-060

A miracle is often the willingness to see the common in an uncommon way.
_Noah benShea

기적은 종종 흔한 것을 흔하지 않게 보려는 마음의 자세다.
_노아 벤쉬아

듣기 회화

MP3 041-060

MP3 041-060

네 마음을 말해 봐

감정 대방출 표현 1

STEP 1 3번 듣고 영어 따라 써 보기

041

너 피곤해 보인다.

You look tired.

042

마음에 들면 좋겠어. (네가 좋아하길 바랄게.)

I hope you like it.

043

내 눈을 믿을 수가 없어.

I can't believe my eyes.

044

오늘 밤엔 밖에 나가고 싶지 않아. (밖에 나갈 기분이 아니야.)

I don't feel like going out tonight.

045

전혀 모르겠어. (아무 생각 없어.)

I have no idea.

STEP 2 우리말 보고 영어로 2번 써 보기

STEP 3 3번 말하기

너 피곤해 보인다.

마음에 들면 좋겠어. (네가 좋아하길 바랄게.)

내 눈을 믿을 수가 없어.

오늘 밤엔 밖에 나가고 싶지 않아. (밖에 나갈 기분이 아니야.)

전혀 모르겠어. (아무 생각 없어.)

쓰다 보면
자동암기

STEP 1 3번 듣고 영어 따라 써 보기

046 ☑☐☐

난 까다롭지 않아. (이것저것 따지는 타입은 아니야.)

I'm not picky.

047 ☑☐☐

나도 어쩔 수 없어.

I can't help it.

048 ☑☐☐

나 좀 내버려 둬! (혼자 있게 해 줘.)

Leave me alone!

049 ☑☐☐

자꾸 웃음이 나와. (웃음을 멈출 수 없어.)

I can't stop smiling.

050 ☑☐☐

꿈만 같아. (꿈꾸는 것 같은 기분이야.)

I feel like dreaming.

STEP 2 우리말 보고 영어로 2번 써 보기

STEP 3 3번 말하기

난 까다롭지 않아. (이것저것 따지는 타입은 아니야.)

나도 어쩔 수 없어.

나 좀 내버려 둬! (혼자 있게 해 줘.)

자꾸 웃음이 나와. (웃음을 멈출 수 없어.)

꿈만 같아. (꿈꾸는 것 같은 기분이야.)

STEP 1 3번 듣고 영어 따라 써 보기

051

그 말을 들으니 기뻐.

I'm glad to hear that.

052

뭐라고 말해야 될지 모르겠어.

I don't know what to say.

053

그냥 혼자 있고 싶었어.

I just wanted to be alone.

054

그러는 게 아니었는데. (그렇게 하지 말았어야 했는데.)

I shouldn't have done that.

055

그것 참 안됐다. (그 소식을 들으니 유감이야.)

I'm sorry to hear that.

STEP 2 우리말 보고 영어로 2번 써 보기

STEP 3 3번 말하기

그 말을 들으니 기뻐.

뭐라고 말해야 될지 모르겠어.

그냥 혼자 있고 싶었어.

그러는 게 아니었는데. (그렇게 하지 말았어야 했는데.)

그것 참 안됐다. (그 소식을 들으니 유감이야.)

쓰면
머리에 쏙쏙

STEP 1 3번 듣고 영어 따라 써 보기

056

그녀를 사랑해. (그녀와 사랑에 빠졌어.)

I'm in love with her.

057

알고 싶지 않아.

I don't want to know.

058

더 이상은 못 참아. (참을 만큼 참았어.)

I've had enough.

059

네 일이나 신경 써!

Mind your own business!

060

왜 그렇게 말을 해?

Why do you say that?

감정 대방출 표현 1

STEP 2 우리말 보고 영어로 2번 써 보기

STEP 3 3번 말하기

그녀를 사랑해. (그녀와 사랑에 빠졌어.)

알고 싶지 않아.

더 이상은 못 참아. (참을 만큼 참았어.)

네 일이나 신경 써!

왜 그렇게 말을 해?

핵심 표현 체크하기

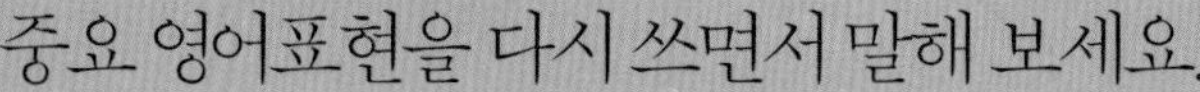

전혀 모르겠어.

너 피곤해 보인다.

난 까다롭지 않아.

나도 어쩔 수 없어.

나 좀 내버려 둬!

뭐라고 말해야 될지 모르겠어.

그러는 게 아니었는데.

더 이상은 못 참아.

네 일이나 신경 써!

꿈만 같아.

오늘 한잔 어때?

먹고 마시기

061-080

No one can make you feel inferior without your consent. _Eleanor Roosevelt

아무도 당신의 동의 없이 당신에게 열등감을 갖게 만들 수는 없다.
_엘리노어 루스벨트

MP3 061-080

오늘 한잔 어때?
먹고 마시기

STEP 1 3번 듣고 영어 따라 써 보기

061

주문하시겠어요? (주문하실 준비 됐나요?)

Are you ready to order?

062

같은 걸로 할게요.

I'll have the same.

063

다른 건요? (더 필요한 거 있어요?)

Anything else?

064

뭐 마실래? (뭐 마시고 싶어?)

What do you want to drink?

065

제가 주문한 게 아닌데요.

This isn't what I ordered.

STEP 2 우리말 보고 영어로 2번 써 보기

STEP 3 3번 말하기

주문하시겠어요? (주문하실 준비 됐나요?)

같은 걸로 할게요.

다른 건요? (더 필요한 거 있어요?)

뭐 마실래? (뭐 마시고 싶어?)

제가 주문한 게 아닌데요.

쓰다 보면
자동암기

STEP 1 3번 듣고 영어 따라 써 보기

066

배 안 고파?

Aren't you hungry?

067

맛있어? (맛이 좋아?)

Does it taste good?

068

한번 먹어 봐. (한번 해 보는 게 어때?)

Why don't you try it?

069

뭐 마실 것 좀 드릴까요?

Would you like something to drink?

070

배달되나요?

Do you deliver?

STEP 2 우리말 보고 영어로 2번 써 보기

STEP 3 3번 말하기

배 안 고파?

맛있어? (맛이 좋아?)

한번 먹어 봐. (한번 해 보는 게 어때?)

뭐 마실 것 좀 드릴까요?

배달되나요?

STEP 1 3번 듣고 영어 따라 써 보기

071

계산할게요. (계산서 주세요.)

Check, please.

072

내가 낼게.

It's on me.

073

더치페이 하자.

Let's go Dutch.

074

(술) 한잔 어때?

How about a drink?

075

(술을) 얼마나 자주 마셔?

How often do you drink?

STEP 2 우리말 보고 영어로 2번 써 보기

STEP 3 3번 말하기

계산할게요. (계산서 주세요.)

내가 낼게.

더치페이 하자.

(술) 한잔 어때?

(술을) 얼마나 자주 마셔?

STEP 1 3번 듣고 영어 따라 써 보기

076

한잔 더 할래?

Care for another one?

077

원샷! (건배!)

Bottoms up!

078

술이 덜 깼어.

I have a hangover.

079

토할 것 같아.

I feel like throwing up.

080

나 지금 말짱해. (술 안 취했어.)

I'm sober now.

STEP 2 우리말 보고 영어로 2번 써 보기

STEP 3 3번 말하기

한잔 더 할래?

원샷! (건배!)

술이 덜 깼어.

토할 것 같아.

나 지금 말짱해. (술 안 취했어.)

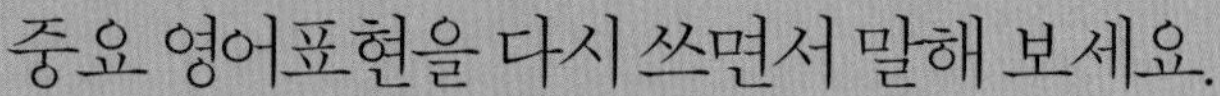

핵심 표현 체크하기

중요 영어표현을 다시 쓰면서 말해 보세요.

주문하시겠어요?

같은 걸로 할게요.

맛있어?

한번 먹어 봐.

배달되나요?

내가 낼게.

더치페이 하자.

(술) 한잔 어때?

한잔 더 할래?

술이 덜 깼어.

썸남, 썸녀와

데이트하기

081-100

By fighting you never get enough, but by yielding you get more than you expected.

_Francis Bacon

싸워서는 절대 충분히 얻지 못하나, 양보하면 기대했던 것 이상을 얻는다.

_프랜시스 베이컨

듣기 회화

MP3 081-100

MP3 081-100

썸남, 썸녀와 데이트하기

STEP 1 3번 듣고 영어 따라 써 보기

081

결혼했어요?

Are you married?

082

언제 결혼할 거예요?

When are you getting married?

083

만나는 사람 있어요?

Are you seeing someone?

084

어떤 일 하세요?

What kind of work do you do?

085

요리하는 거 좋아해요?

Do you like to cook?

STEP 2 우리말 보고 영어로 2번 써 보기

STEP 3 3번 말하기

결혼했어요?

언제 결혼할 거예요?

만나는 사람 있어요?

어떤 일 하세요?

요리하는 거 좋아해요?

STEP 1 3번 듣고 영어 따라 써 보기

086

생일이 언제예요?

When is your birthday?

087

어떤 음악을 좋아해요?

What kind of music do you like?

088

가장 친한 친구가 누구예요?

Who is your best friend?

089

시간 있으세요?

Do you have time?

090

언제 한가하세요?

When are you free?

STEP 2 우리말 보고 영어로 2번 써 보기

STEP 3 3번 말하기

생일이 언제예요?

어떤 음악을 좋아해요?

가장 친한 친구가 누구예요?

시간 있으세요?

언제 한가하세요?

STEP 1 3번 듣고 영어 따라 써 보기

전화번호 좀 알려 주세요. (전화해도 되죠?)

Can I have your number?

영화 보러 갈래요?

Do you want to go to the movies?

같이 가도 돼요? (나도 같이해도 괜찮아요?)

Do you mind if I join you?

거기 갈 거예요?

Are you going to go there?

영어 할 줄 알아요?

Do you speak English?

STEP 2 우리말 보고 영어로 2번 써 보기

STEP 3 3번 말하기

전화번호 좀 알려 주세요. (전화해도 되죠?)

영화 보러 갈래요?

같이 가도 돼요? (나도 같이해도 괜찮아요?)

거기 갈 거예요?

영어 할 줄 알아요?

STEP 1 3번 듣고 영어 따라 써 보기

096

어디 사세요?
Where do you live?

097

차 좀 빌려줄래요?
Can I borrow your car?

098

원하는 게 뭐죠?
What do you want?

099

질문 있어요?
Do you have any questions?

100

그냥 친구일 뿐이야. (친구일 뿐, 그 이상 그 이하도 아니야.)
Just a friend, nothing more.

STEP 2 우리말 보고 영어로 2번 써 보기

STEP 3 3번 말하기

어디 사세요?

차 좀 빌려줄래요?

원하는 게 뭐죠?

질문 있어요?

그냥 친구일 뿐이야. (친구일 뿐, 그 이상 그 이하도 아니야.)

핵심 표현 체크하기

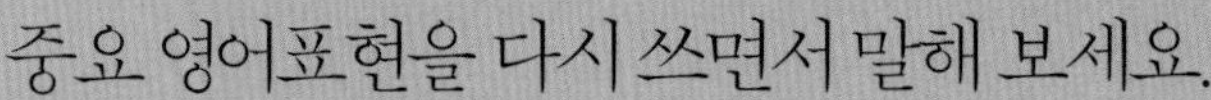

어떤 일 하세요?

요리하는 거 좋아해요?

생일이 언제예요?

어떤 음악을 좋아해요?

언제 한가하세요?

같이 가도 돼요?

어디 사세요?

차 좀 빌려줄래요?

시간 있으세요?

영어 할 줄 알아요?

오늘은 뭐 살까

쇼핑하기

101-120

A small leak will sink a great ship.

_Benjamin Franklin

조그만 구멍이 커다란 배를 침몰시킨다.

_벤자민 프랭클린

MP3 101-120

오늘은 뭐 살까
쇼핑하기

STEP 1 3번 듣고 영어 따라 써 보기

101 ☑☐☐
뭐 찾고 계세요?
What are you looking for?

102 ☑☐☐
그냥 구경하는 거예요.
I'm just looking around.

103 ☑☐☐
이거 입어 봐도 돼요?
Can I try this on?

104 ☑☐☐
꽉 껴. (너무 타이트해.)
It's too tight.

105 ☑☐☐
이거 좀 더 큰 사이즈 있어요?
Do you have this in a bigger size?

STEP 2 우리말 보고 영어로 2번 써 보기

STEP 3 3번 말하기

뭐 찾고 계세요?

그냥 구경하는 거예요.

이거 입어 봐도 돼요?

꽉 껴. (너무 타이트해.)

이거 좀 더 큰 사이즈 있어요?

STEP 1 3번 듣고 영어 따라 써 보기

106

이거 다른 색 있어요?

Do you have this in another color?

107

한번 입어 보세요. (한번 입어 보지 그래?)

Why don't you try it on?

108

너한테 잘 어울린다.

It looks good on you.

109

이거 계속 찾고 있었어.

I've been looking for this.

110

난 아이쇼핑을 좋아해.

I like window-shopping.

STEP 2 우리말 보고 영어로 2번 써 보기

STEP 3 3번 말하기

이거 다른 색 있어요?

한번 입어 보세요. (한번 입어 보지 그래?)

너한테 잘 어울린다.

이거 계속 찾고 있었어.

난 아이쇼핑을 좋아해.

STEP 1 3번 듣고 영어 따라 써 보기

111 ☑☐☐

다 해서 얼마예요?

How much is it all together?

112 ☑☐☐

좀 깎아 주세요.

Can you come down a little?

113 ☑☐☐

현금으로 하시겠어요? 카드로 하시겠어요?

Cash or credit card?

114 ☑☐☐

비자 카드 되죠?

Do you take Visa?

115 ☑☐☐

비싼 것 같지 않아?

Don't you think it's expensive?

STEP 2 우리말 보고 영어로 2번 써 보기

STEP 3 3번 말하기

다 해서 얼마예요?

좀 깎아 주세요.

현금으로 하시겠어요? 카드로 하시겠어요?

비자 카드 되죠?

비싼 것 같지 않아?

STEP 1 3번 듣고 영어 따라 써 보기

116

(싸게) 잘 샀어.

It's a good buy.

117

어떤 차 갖고 싶어?

What kind of car do you want?

118

차를 살 여유가 없어.

I can't afford to buy a car.

119

결정하셨어요?

Have you decided yet?

120

아직 결정 못했어요.

I haven't decided yet.

STEP 2 우리말 보고 영어로 2번 써 보기

STEP 3 3번 말하기

(싸게) 잘 샀어.

어떤 차 갖고 싶어?

차를 살 여유가 없어.

결정하셨어요?

아직 결정 못했어요.

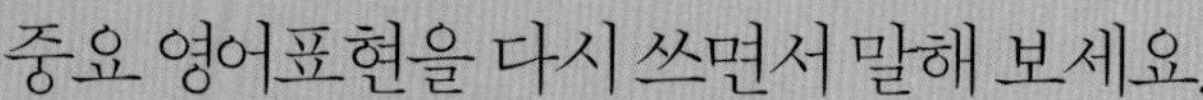

중요 영어표현을 다시 쓰면서 말해 보세요.

뭐 찾고 계세요?

이거 입어 봐도 돼요?

이거 좀 더 큰 사이즈 있어요?

이거 다른 색 있어요?

너한테 잘 어울린다.

난 아이쇼핑을 좋아해.

좀 깎아 주세요.

(싸게) 잘 샀어.

차를 살 여유가 없어.

아직 결정 못했어요.

거기 가 봤어?

여행지에서

121-140

The softest things in the world overcome the hardest things in the world. _Lao-tzu

세상에서 가장 부드러운 것들이 세상에서 가장 단단한 것들을 이긴다.
_노자

듣기 회화

MP3 121-140

MP3 121-140

거기 가 봤어?
여행지에서

STEP 1 3번 듣고 영어 따라 써 보기

121

여행 어땠어?

How was your trip?

122

거기 가 본 적 있어?

Have you ever been there?

123

전에 가 본 적이 있어.

I've been there before.

124

나 여기 처음 와 봐. (전에 여기 온 적 없어.)

I've never been here before.

125

복도 쪽 좌석으로 주세요.

Can I get an aisle seat?

STEP 2 우리말 보고 영어로 2번 써 보기

STEP 3 3번 말하기

여행 어땠어?

거기 가 본 적 있어?

전에 가 본 적이 있어.

나 여기 처음 와 봐. (전에 여기 온 적 없어.)

복도 쪽 좌석으로 주세요.

STEP 1 3번 듣고 영어 따라 써 보기

126

일주일 있을 거예요. (일주일 동안 머물 거예요.)

I'll be staying for a week.

127

짐이 아직 안 나왔어요.

My luggage hasn't come out yet.

128

관광차 왔어요.

I'm here for sightseeing.

129

사진 좀 찍어 줄래요?

Can you take a picture of me?

130

언제 떠나요?

When are you leaving?

STEP 2 우리말 보고 영어로 2번 써 보기

STEP 3 3번 말하기

일주일 있을 거예요. (일주일 동안 머물 거예요.)

짐이 아직 안 나왔어요.

관광차 왔어요.

사진 좀 찍어 줄래요?

언제 떠나요?

STEP 1 3번 듣고 영어 따라 써 보기

131

같이 가도 돼요? (같은 방향이에요?)

Are you going my way?

132

걸어서 10분 거리예요.

It's only 10 minutes walk.

133

여기 주차해도 돼요?

Can I park here?

134

태워 주시겠어요?

Could I have a lift?

135

여기서 내려 주세요.

Drop me off right here.

STEP 2 우리말 보고 영어로 2번 써 보기

STEP 3 3번 말하기

같이 가도 돼요? (같은 방향이에요?)

걸어서 10분 거리예요.

여기 주차해도 돼요?

태워 주시겠어요?

여기서 내려 주세요.

STEP 1 3번 듣고 영어 따라 써 보기

거기 어떻게 가요?

How can I get there?

거기까지 얼마나 (오래) 걸려요?

How long does it take to get there?

내릴 곳을 지나쳐 버렸어요.

I missed my stop.

근처에 택시 정류장 있어요?

Is there a taxi stand around here?

지하철 어디서 갈아타야 돼요?

Where should I transfer subways?

STEP 2 우리말 보고 영어로 2번 써 보기

STEP 3 3번 말하기

거기 어떻게 가요?

거기까지 얼마나 (오래) 걸려요?

내릴 곳을 지나쳐 버렸어요.

근처에 택시 정류장 있어요?

지하철 어디서 갈아타야 돼요?

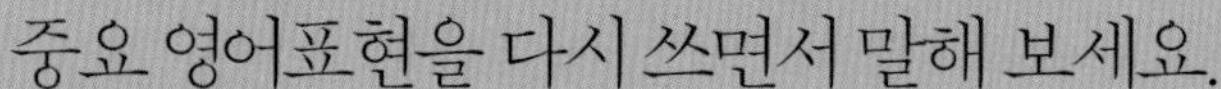

중요 영어표현을 다시 쓰면서 말해 보세요.

여행 어땠어?

전에 가 본 적이 있어.

복도 쪽 좌석으로 주세요.

짐이 아직 안 나왔어요.

관광차 왔어요.

언제 떠나요?

같이 가도 돼요?

여기 주차해도 돼요?

거기 어떻게 가요?

지하철 어디서 갈아타야 돼요?

따르릉 따르릉~

전화 걸고 받기

141-160

It is not miserable to be blind; it is miserable to be incapable of enduring blindness.
_John Milton

앞을 못 보는 것이 불행한 것이 아니다. 앞을 못 보는 것을 견디지 못하는 것이 불행한 것이다. _존 밀턴

듣기 회화

MP3 141-160

MP3 141-160

따르릉 따르릉~

전화 걸고 받기

STEP 1 3번 듣고 영어 따라 써 보기

141 ☑☐☐

누구 바꿔 드릴까요? (누구랑 얘기하고 싶어요?)

Who do you want to talk to?

142 ☑☐☐

수지랑 통화하고 싶은데요.

I'd like to talk to Suji.

143 ☑☐☐

나 지금 전화 못 받아.

I can't pick up the phone now.

144 ☑☐☐

잠깐만, 다른 전화가 와서.

Hold on, I've got another call.

145 ☑☐☐

문자 보낼게.

I'll send you a text message.

STEP 2 우리말 보고 영어로 2번 써 보기

STEP 3 3번 말하기

누구 바꿔 드릴까요? (누구랑 얘기하고 싶어요?)

수지랑 통화하고 싶은데요.

나 지금 전화 못 받아.

잠깐만, 다른 전화가 와서.

문자 보낼게.

STEP 1 3번 듣고 영어 따라 써 보기

146

잘못 거셨어요. (잘못된 번호예요.)

Wrong number.

147

나중에 다시 걸게요.

I'll call back later.

148

전화하는 거 잊지 마. (나한테 꼭 전화해.)

Don't forget to call me.

149

메모 남기시겠어요?

Can I take a message?

150

누가 전화한 거야?

Who's on the phone?

STEP 2 우리말 보고 영어로 2번 써 보기

STEP 3 3번 말하기

잘못 거셨어요. (잘못된 번호예요.)

나중에 다시 걸게요.

전화하는 거 잊지 마. (나한테 꼭 전화해.)

메모 남기시겠어요?

누가 전화한 거야?

STEP 1 3번 듣고 영어 따라 써 보기

151

(실례지만) 전화 거신 분은 누구세요?

May I ask who's calling?

152

휴대폰 좀 써도 될까요?

Is it okay if I use your cell phone?

153

내 전화번호 알려줄게.

I'll give you my phone number.

154

네 목소리 들으니까 반갑다.

It's good to hear your voice.

155

너한테 전화하려던 참이었어.

I was just going to call you.

STEP 2 우리말 보고 영어로 2번 써 보기

STEP 3 3번 말하기

(실례지만) 전화 거신 분은 누구세요?

휴대폰 좀 써도 될까요?

내 전화번호 알려줄게.

네 목소리 들으니까 반갑다.

너한테 전화하려던 참이었어.

쓰면
머리에 쏙쏙

STEP 1 3번 듣고 영어 따라 써 보기

156

소리가 잘 안 들려.

I can't hear you.

157

배터리가 다 된 것 같아.

My battery's dying.

158

휴대폰을 진동으로 해놨어.

I put my cell phone on silent.

159

나중에 또 통화하자. (나중에 얘기할게.)

Talk to you later.

160

전화해 줘서 고마워.

Thank you for calling.

STEP 2 우리말 보고 영어로 2번 써 보기

STEP 3 3번 말하기

소리가 잘 안 들려.

배터리가 다 된 것 같아.

휴대폰을 진동으로 해놨어.

나중에 또 통화하자. (나중에 얘기할게.)

전화해 줘서 고마워.

핵심 표현 체크하기

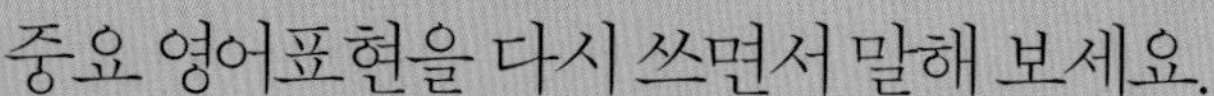

누구 바꿔 드릴까요?

나 지금 전화 못 받아.

나중에 다시 걸게요.

메모 남기시겠어요?

누가 전화한 거야?

너한테 전화하려던 참이었어.

네 목소리 들으니까 반갑다.

소리가 잘 안 들려.

배터리가 다 된 것 같아.

휴대폰을 진동으로 해놨어.

오늘도 칼퇴 기원

직장인의 하루

161-180

Abilities wither under criticism, they blossom under encouragement. _Dale Carnegie

사람들의 능력은 비판 밑에서는 시들지만, 격려 밑에서는 꽃핀다.
_데일 카네기

듣기 회화

MP3 161-180

MP3 161-180

오늘도 칼퇴 기원
직장인의 하루

STEP 1 3번 듣고 영어 따라 써 보기

161

야근할 거예요? (늦게까지 일할 거예요?)

Are you going to work late?

162

오늘은 그만 마칩시다. (이만 끝내자.)

Let's call it a day!

163

처리할 수 있어요?

Can you handle it?

164

결정을 못하겠어요.

I can't make up my mind.

165

부탁 좀 들어 줄래요? (도와주세요.)

Could you do me a favor?

STEP 2 우리말 보고 영어로 2번 써 보기

STEP 3 3번 말하기

야근할 거예요? (늦게까지 일할 거예요?)

☑ ☐ ☐

오늘은 그만 마칩시다. (이만 끝내자.)

☑ ☐ ☐

처리할 수 있어요?

☑ ☐ ☐

결정을 못하겠어요.

☑ ☐ ☐

부탁 좀 들어 줄래요? (도와주세요.)

☑ ☐ ☐

STEP 1 3번 듣고 영어 따라 써 보기

166

제가 할게요. (제가 해 드릴게요.)

Allow me.

167

기회를 주세요.

Give me a chance.

168

좀 더 쉬운 방법은 없어요?

Isn't there an easier way?

169

생각 좀 해 볼게요.

Let me think about it.

170

제가 의도한 건 그게 아니에요.

That's not what I meant.

STEP 2 우리말 보고 영어로 2번 써 보기

STEP 3 3번 말하기

제가 할게요. (제가 해 드릴게요.)

기회를 주세요.

좀 더 쉬운 방법은 없어요?

생각 좀 해 볼게요.

제가 의도한 건 그게 아니에요.

STEP 1 3번 듣고 영어 따라 써 보기

171

그거 어떻게 생각해요?

What do you think of that?

172

문제가 있는 것 같아요.

There seems to be a problem.

173

왜 그렇게 생각하세요?

What makes you think so?

174

좀 더 생각해 볼게요. (심사숙고 해 볼게요.)

Let me sleep on it.

175

그것에 대해선 의심의 여지가 없어.

There's no doubt about it.

STEP 2 우리말 보고 영어로 2번 써 보기

STEP 3 3번 말하기

그거 어떻게 생각해요?

문제가 있는 것 같아요.

왜 그렇게 생각하세요?

좀 더 생각해 볼게요. (심사숙고 해 볼게요.)

그것에 대해선 의심의 여지가 없어.

STEP 1 3번 듣고 영어 따라 써 보기

176 ☑☐☐

잘하셨어요.

You did a good job.

✎ ______________________________

177 ☑☐☐

할 게 아무것도 없어요.

There's nothing to do.

✎ ______________________________

178 ☑☐☐

그는 여기에 없는데요.

He's not here.

✎ ______________________________

179 ☑☐☐

곧 거기로 가겠습니다.

I'll be right there.

✎ ______________________________

180 ☑☐☐

앉으세요.

Have a seat.

✎ ______________________________

STEP 2 우리말 보고 영어로 2번 써 보기

STEP 3 3번 말하기

잘하셨어요.

할 게 아무것도 없어요.

그는 여기에 없는데요.

곧 거기로 가겠습니다.

앉으세요.

핵심 표현 체크하기

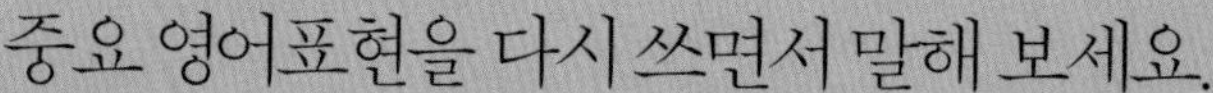

오늘은 그만 마칩시다.

처리할 수 있어요?

제가 할게요.

좀 더 쉬운 방법은 없어요?

생각 좀 해 볼게요.

그거 어떻게 생각해요?

좀 더 생각해 볼게요.

잘하셨어요.

곧 거기로 가겠습니다.

앉으세요.

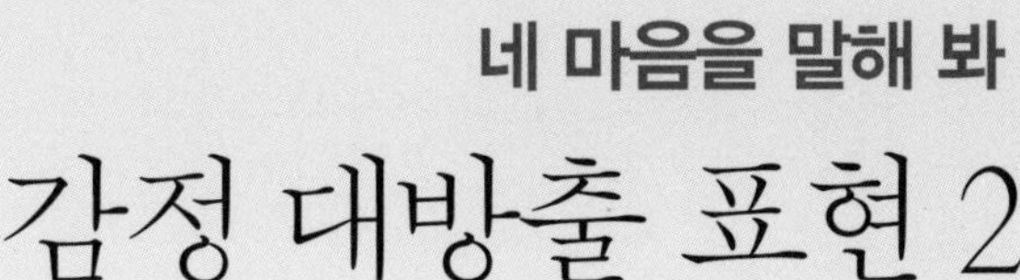

네 마음을 말해 봐

감정 대방출 표현 2

181-200

There isn't enough darkness in all the world to snuff out the light of one little candle.

_Gautama Siddharta

작은 촛불 하나의 빛을 꺼 버리기에 충분한 어둠은 이 세상에 없다.

_고타마 싯다르타

듣기 회화

MP3 181-200

MP3 181-200

네 마음을 말해 봐
감정 대방출 표현 2

STEP 1 3번 듣고 영어 따라 써 보기

181

마음이 바뀌었어.

I changed my mind.

182

그러려고 한 건 아니었어. (고의로 그런 게 아니야.)

I didn't mean it.

183

난 상관없어. (신경 안 써.)

I don't care.

184

이해하려고 노력 중이야.

I'm trying to understand.

185

마음대로 해. (좋을 대로 해.)

Suit yourself.

STEP 2 우리말 보고 영어로 2번 써 보기

STEP 3 3번 말하기

마음이 바뀌었어.

그러려고 한 건 아니었어. (고의로 그런 게 아니야.)

난 상관없어. (신경 안 써.)

이해하려고 노력 중이야.

마음대로 해. (좋을 대로 해.)

쓰다 보면 자동암기

STEP 1 3번 듣고 영어 따라 써 보기

186

왜 그렇게 우울해?

Why are you so depressed?

187

몸이 안 좋아.

I'm under the weather.

188

오늘 밤은 요리할 기분이 아니야.

I don't feel like cooking tonight.

189

걱정할 거 없어.

There's nothing to worry about.

190

덕분에 오늘 하루가 즐거웠어.

You made my day.

STEP 2 우리말 보고 영어로 2번 써 보기

STEP 3 3번 말하기

왜 그렇게 우울해?

몸이 안 좋아.

오늘 밤은 요리할 기분이 아니야.

걱정할 거 없어.

덕분에 오늘 하루가 즐거웠어.

STEP 1 3번 듣고 영어 따라 써 보기

191

너 정말 짜증나게 한다.

You make me sick.

192

나 화나게 만들지 마.

Don't make me angry.

193

네가 상관할 바 아니잖아.

It's none of your business!

194

물론 아니지! (어림없는 소리!)

Absolutely not!

195

네 말대로 할게.

Anything you say.

STEP 2 우리말 보고 영어로 2번 써 보기

STEP 3 3번 말하기

너 정말 짜증나게 한다.

나 화나게 만들지 마.

네가 상관할 바 아니잖아.

물론 아니지! (어림없는 소리!)

네 말대로 할게.

STEP 1 3번 듣고 영어 따라 써 보기

196 ☑☐☐

농담하는 거겠지.

You must be joking.

197 ☑☐☐

정신 차려.

Get real.

198 ☑☐☐

잊어버려. (신경 꺼.)

Forget about it.

199 ☑☐☐

웃기지 마.

Don't make me laugh.

200 ☑☐☐

아무래도 그런 것 같아.

I'm afraid so.

STEP 2 우리말 보고 영어로 2번 써 보기

STEP 3 3번 말하기

농담하는 거겠지.

정신 차려.

잊어버려. (신경 꺼.)

웃기지 마.

아무래도 그런 것 같아.

핵심 표현 체크하기

중요 영어표현을 다시 쓰면서 말해 보세요.

그러려고 한 건 아니었어.

난 상관없어.

마음대로 해.

왜 그렇게 우울해?

걱정할 거 없어.

덕분에 오늘 하루가 즐거웠어.

너 정말 짜증나게 한다.

네 말대로 할게.

농담하는 거겠지.

정신 차려.

대화가 필요해

묻고 답하기 1

201-220

It is not work that kills, but worry.

_Henry Ward Beecher

사람을 죽이는 것은 일이 아니라 걱정이다.

_헨리 워드비처

MP3 201-220

대화가 필요해

묻고 답하기 1

STEP 1 3번 듣고 영어 따라 써 보기

201 ☑☐☐

내 말 맞지?

Am I right?

202 ☑☐☐

그렇고 말고.

You can say that again.

203 ☑☐☐

벌써 가려고? (그렇게 빨리 가요?)

Are you leaving so soon?

204 ☑☐☐

나 지금 가야 해.

I have to go now.

205 ☑☐☐

내 말 듣고 있어?

Are you listening to me?

STEP 2 우리말 보고 영어로 2번 써 보기

STEP 3 3번 말하기

내 말 맞지?

그렇고 말고.

벌써 가려고? (그렇게 빨리 가요?)

나 지금 가야 해.

내 말 듣고 있어?

STEP 1 3번 듣고 영어 따라 써 보기

206 ☑☐☐

듣고 있어. (듣고 있으니까 말해 봐.)

I'm listening.

207 ☑☐☐

준비됐어?

Are you ready?

208 ☑☐☐

갈 시간이야.

It's time to go.

209 ☑☐☐

확실해?

Are you sure?

210 ☑☐☐

너무 자신하지 마.

Don't be so sure.

STEP 2 우리말 보고 영어로 2번 써 보기

STEP 3 3번 말하기

듣고 있어. (듣고 있으니까 말해 봐.)

준비됐어?

갈 시간이야.

확실해?

너무 자신하지 마.

STEP 1 3번 듣고 영어 따라 써 보기

211

나한테 관심 있어요?

Are you interested in me?

212

네 말이 맞는 것 같아.

I think you're right.

213

걔한테 말할 거야?

Are you going to tell him?

214

아무한테도 말하지 마.

Don't tell anyone.

215

물어봐서 나쁠 거 없잖아.

It doesn't hurt to ask.

STEP 2 우리말 보고 영어로 2번 써 보기

STEP 3 3번 말하기

나한테 관심 있어요?

네 말이 맞는 것 같아.

걔한테 말할 거야?

아무한테도 말하지 마.

물어봐서 나쁠 거 없잖아.

STEP 1 3번 듣고 영어 따라 써 보기

216

나한테 물어보지 마. (몰라.)

Don't ask me.

217

내 말 듣고 있어?

Do you hear me?

218

너한테 얘기하고 있잖아.

I'm talking to you.

219

무슨 뜻이야?

What do you mean?

220

네 말 무슨 뜻인지 알아.

I know what you mean.

STEP 2 우리말 보고 영어로 2번 써 보기

STEP 3 3번 말하기

나한테 물어보지 마. (몰라.)

내 말 듣고 있어?

너한테 얘기하고 있잖아.

무슨 뜻이야?

네 말 무슨 뜻인지 알아.

핵심 표현 체크하기

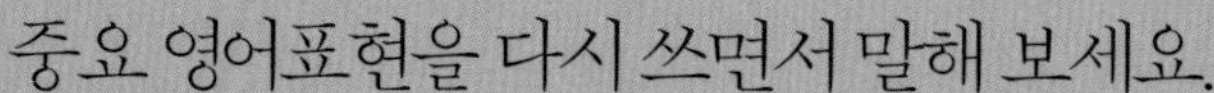

내 말 맞지?

나 지금 가야 해.

듣고 있어.

갈 시간이야.

확실해?

네 말이 맞는 것 같아.

아무한테도 말하지 마.

물어봐서 나쁠 거 없잖아.

내 말 듣고 있어?

무슨 뜻이야?

대화가 필요해

묻고 답하기 2

221-240

Attitudes are more important than facts.

_Karl Menninger

태도가 사실보다 중요하다.

_칼 메닝거

듣기 회화

MP3 221-240

MP3 221-240

대화가 필요해

묻고 답하기 2

STEP 1 3번 듣고 영어 따라 써 보기

221

뭐 할 거야? (어떻게 할 거야?)

What are you going to do?

222

너한테 말 안 할 거야.

I'm not going to tell you.

223

어떻게 그렇게 확신해?

What makes you so sure?

224

날 믿어 주면 좋겠어.

I want you to trust me.

225

뭐라고 했죠?

What did you say?

STEP 2 우리말 보고 영어로 2번 써 보기

STEP 3 3번 말하기

뭐 할 거야? (어떻게 할 거야?)

☑ ☐ ☐

너한테 말 안 할 거야.

☑ ☐ ☐

어떻게 그렇게 확신해?

☑ ☐ ☐

날 믿어 주면 좋겠어.

☑ ☐ ☐

뭐라고 했죠?

☑ ☐ ☐

STEP 1 3번 듣고 영어 따라 써 보기

226 ☑☐☐

걔네들 사귄다는 게 사실이야?

Is it true that they're going out?

227 ☑☐☐

내가 아는 사람이야?

Anyone I know?

228 ☑☐☐

나 걔 잘 알아.

I know him well.

229 ☑☐☐

걔에 대해선 전혀 아는 게 없어.

I don't know anything about her.

230 ☑☐☐

누구세요? (거기 누구야?)

Who's there?

묻고 답하기 2

STEP 2 우리말 보고 영어로 2번 써 보기

STEP 3 3번 말하기

걔네들 사귄다는 게 사실이야?

내가 아는 사람이야?

나 걔 잘 알아.

걔에 대해선 전혀 아는 게 없어.

누구세요? (거기 누구야?)

STEP 1 3번 듣고 영어 따라 써 보기

231

요점이 뭐야? (말하려는 게 뭐야?)

What's your point?

232

말도 안 돼. (이치에 맞지 않아.)

It doesn't make any sense.

233

무슨 말을 하는 거야? (도대체 무슨 소리야?)

What are you talking about?

234

그런 얘기는 처음 들어. (그런 말 들어 본 적 없어.)

I've never heard about it.

235

나 어떡하지? (어떻게 해야 하지?)

What should I do?

STEP 2 우리말 보고 영어로 2번 써 보기 **STEP 3** 3번 말하기

요점이 뭐야? (말하려는 게 뭐야?)

말도 안 돼. (이치에 맞지 않아.)

무슨 말을 하는 거야? (도대체 무슨 소리야?)

그런 얘기는 처음 들어. (그런 말 들어 본 적 없어.)

나 어떡하지? (어떻게 해야 하지?)

STEP 1 3번 듣고 영어 따라 써 보기

236

괜찮을 거야. (다 잘될 거야.)

It's going to be all right.

237

무슨 일이야? (어디 아파?)

What's the matter with you?

238

점점 나아지고 있어.

I'm getting better.

239

왜 그렇게 말하는 거야? (뭐가 널 그렇게 말하게 만든 거야?)

What makes you say that?

240

난 널 도우려는 거야.

I'm trying to help you.

STEP 2 우리말 보고 영어로 2번 써 보기

STEP 3 3번 말하기

괜찮을 거야. (다 잘될 거야.)

무슨 일이야? (어디 아파?)

점점 나아지고 있어.

왜 그렇게 말하는 거야? (뭐가 널 그렇게 말하게 만든 거야?)

난 널 도우려는 거야.

핵심 표현 체크하기

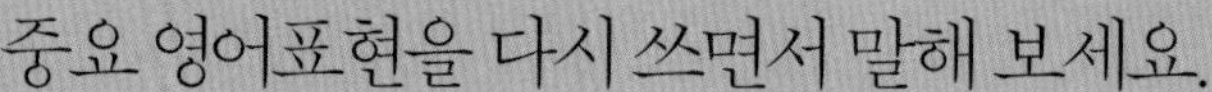

어떻게 그렇게 확신해?

뭐라고 했죠?

내가 아는 사람이야?

걔에 대해선 전혀 아는 게 없어.

누구세요?

요점이 뭐야?

말도 안 돼.

나 어떡하지?

점점 나아지고 있어.

왜 그렇게 말하는 거야?

너를 보여 줘

자주 하는 질문들

241-260

The most manifest sign of wisdom is continued cheerfulness. _Montaigne

가장 명백한 지혜의 징표는 항상 유쾌하게 지내는 것이다.
_몽테뉴

MP3 241-260

너를 보여 줘
자주 하는 질문들

STEP 1 3번 듣고 영어 따라 써 보기

241

지금 가도 돼?

Can I go now?

242
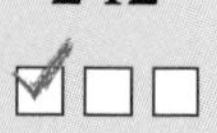

도와줄까요? (무엇을 도와드릴까요?)

Can I help you?

243
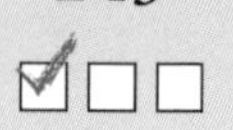

나 좀 도와줄래요?

Can you help me?

244

(지금) 몇 시죠?

Do you have the time?

245
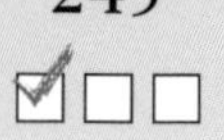

내 말 알겠니? (내가 무슨 말 하는지 알겠어?)

Do you know what I'm saying?

STEP 2 우리말 보고 영어로 2번 써 보기

STEP 3 3번 말하기

지금 가도 돼?

도와줄까요? (무엇을 도와드릴까요?)

나 좀 도와줄래요?

(지금) 몇 시죠?

내 말 알겠니? (내가 무슨 말 하는지 알겠어?)

쓰다 보면
자동암기

STEP 1 3번 듣고 영어 따라 써 보기

246

이해가 돼? (알아들었어?)

Do you understand?

247

네 책 좀 빌려 가도 될까?

Is it okay if I borrow your book?

248

화장실이 어디예요?

Where is the restroom?

249

TV에 볼 만한 거 해? (TV에 재밌는 거 뭐 안 해?)

Is there anything good on TV?

250

뭐 문제되는 일이라도 있어? (힘든 일 있어? / 일이 잘 안 돼?)

Are things getting you down?

STEP 2 우리말 보고 영어로 2번 써 보기

STEP 3 3번 말하기

이해가 돼? (알아들었어?)

네 책 좀 빌려 가도 될까?

화장실이 어디예요?

TV에 볼 만한 거 해? (TV에 재밌는 거 뭐 안 해?)

뭐 문제되는 일이라도 있어? (힘든 일 있어? / 일이 잘 안 돼?)

STEP 1 3번 듣고 영어 따라 써 보기

251

그거 철자가 어떻게 돼요?
How do you spell it?

252

왜 나한테 말 안 했어?
How come you didn't tell me?

253

어젯밤 데이트는 어땠어?
How was your date last night?

254

네가 어떻게 그 여자를 알아?
How do you know her?

255

내가 어떻게 알아? (내가 알아야 해?)
How should I know?

STEP 2 우리말 보고 영어로 2번 써 보기

STEP 3 3번 말하기

그거 철자가 어떻게 돼요?

왜 나한테 말 안 했어?

어젯밤 데이트는 어땠어?

네가 어떻게 그 여자를 알아?

내가 어떻게 알아? (내가 알아야 해?)

쓰면
머리에 쏙쏙

STEP 1 3번 듣고 영어 따라 써 보기

256

오래 기다렸어?

Have you been waiting long?

257

마음이 바뀐 거야?

Have you changed your mind?

258

걔 남자친구 본 적 있어?

Have you ever seen her boyfriend?

259

소식 들었어?

Have you heard the news?

260

숙제 다 했어?

Have you finished your homework?

STEP 2 우리말 보고 영어로 2번 써 보기

STEP 3 3번 말하기

오래 기다렸어?

마음이 바뀐 거야?

걔 남자친구 본 적 있어?

소식 들었어?

숙제 다 했어?

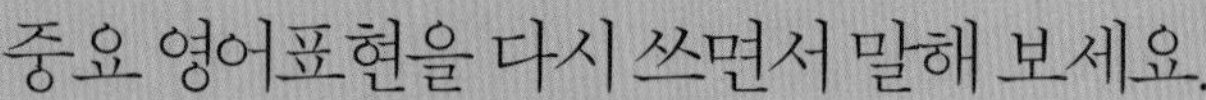

중요 영어표현을 다시 쓰면서 말해 보세요.

지금 가도 돼?

(지금) 몇 시죠?

화장실이 어디예요?

TV에 볼 만한 거 해?

뭐 문제되는 일이라도 있어?

그거 철자가 어떻게 돼요?

왜 나한테 말 안 했어?

네가 어떻게 그 여자를 알아?

마음이 바뀐 거야?

소식 들었어?

이런 말,

영어로 하고 싶었다 1

261-280

It all depends on how we look at things, and not on how they are in themselves.

_Carl Jung

그것은 전적으로 우리가 사물을 어떻게 보느냐에 달려 있지, 사물 자체에 달려 있는 것이 아니다. _칼 융

듣기 회화

MP3 261-280

MP3 261-280

이런 말, 영어로 하고 싶었다 1

STEP 1 3번 듣고 영어 따라 써 보기

261

그냥 궁금해서.

I was just wondering.

262

다이어트 중이야.

I'm on a diet.

263

비가 올 것 같아.

It looks like rain.

264

큰일 났어. (문제가 생겼어.)

I'm in trouble.

265
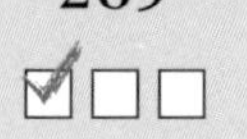

너한테 달려 있지. (너 하기 나름이지.)

It's up to you.

STEP 2 우리말 보고 영어로 2번 써 보기

STEP 3 3번 말하기

그냥 궁금해서.

다이어트 중이야.

비가 올 것 같아.

큰일 났어. (문제가 생겼어.)

너한테 달려 있지. (너 하기 나름이지.)

쓰다 보면
자동암기

STEP 1 3번 듣고 영어 따라 써 보기

266

예전에 여기 살았었어.

I used to live here.

267

이제 됐어. (그거면 충분해. / 그쯤 해 둬.)

That's enough!

268

금시초문인데.

That's news to me.

269

그냥 두고 봐. (기다려 봐.)

You just wait and see.

270

예약하고 싶은데요.

I'd like to make a reservation.

STEP 2 우리말 보고 영어로 2번 써 보기

STEP 3 3번 말하기

예전에 여기 살았었어.

이제 됐어. (그거면 충분해. / 그쯤 해 둬.)

금시초문인데.

그냥 두고 봐. (기다려 봐.)

예약하고 싶은데요.

STEP 1 3번 듣고 영어 따라 써 보기

271

내가 책임질게.

I take the blame.

272

방해해서 미안한데……

I'm sorry to interrupt you.

273

좋은 생각인 것 같네.

That sounds like a good idea.

274

내가 조심하라고 했잖아.

I told you to be careful.

275

차라리 집에 있는 게 낫겠어.

I'd rather stay home.

STEP 2 우리말 보고 영어로 2번 써 보기

STEP 3 3번 말하기

내가 책임질게.

방해해서 미안한데…….

좋은 생각인 것 같네.

내가 조심하라고 했잖아.

차라리 집에 있는 게 낫겠어.

STEP 1 3번 듣고 영어 따라 써 보기

276

이제야 바른 소리를 하는구나.

Now you're talking!

277

마침 당신 얘기를 하고 있던 중이에요.

We were just talking about you.

278

나한테 얘기를 했어야지.

You should have told me.

279

그런 말을 왜 했어? (그런 말은 하지 말았어야지.)

You shouldn't have said that.

280

너만 준비되면 언제든지.

Anytime you are ready.

STEP 2 우리말 보고 영어로 2번 써 보기

STEP 3 3번 말하기

이제야 바른 소리를 하는구나.

마침 당신 얘기를 하고 있던 중이에요.

나한테 얘기를 했어야지.

그런 말을 왜 했어? (그런 말은 하지 말았어야지.)

너만 준비되면 언제든지.

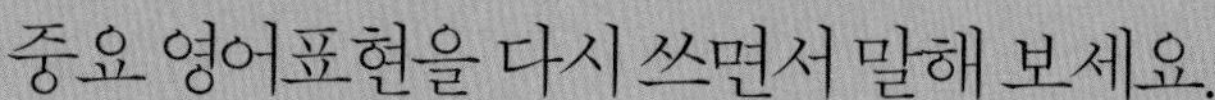

핵심 표현 체크하기

중요 영어표현을 다시 쓰면서 말해 보세요.

그냥 궁금해서.

비가 올 것 같아.

너한테 달려 있지.

금시초문인데.

그냥 두고 봐.

예전에 여기 살았었어.

내가 책임질게.

차라리 집에 있는 게 낫겠어.

나한테 얘기를 했어야지.

너만 준비되면 언제든지.

이런 말,

영어로 하고 싶었다 2

281-300

Nothing great was ever achieved without enthusiasm. _Emerson

그 어떤 위대한 일도 열정 없이 이루어진 적은 없었다. _에머슨

듣기 회화

MP3 281-300

MP3 281-300

이런 말,
영어로 하고 싶었다 2

STEP 1 3번 듣고 영어 따라 써 보기

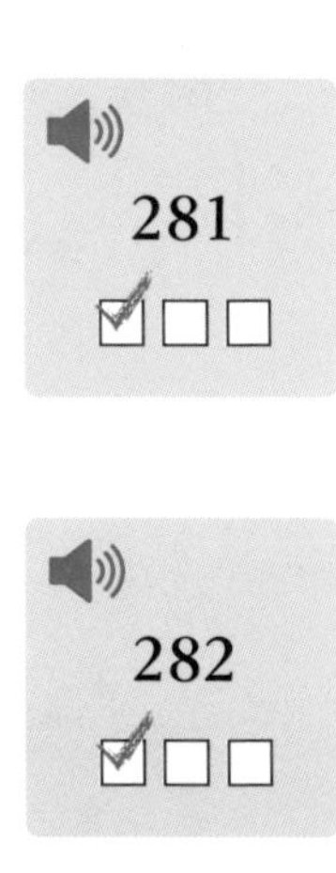

281

같이 가자. (우리랑 같이 가지 그래?)

Why don't you join us?

282

뭐 잘못된 거 있어?

Is there something wrong?

283

언제 돌아올 거야?

When are you coming back?

284

금방 돌아올게.

I'll be right back.

285

걔를 마지막으로 만난 게 언제였어?

When was the last time you met him?

STEP 2 우리말 보고 영어로 2번 써 보기

STEP 3 3번 말하기

같이 가자. (우리랑 같이 가지 그래?)

뭐 잘못된 거 있어?

언제 돌아올 거야?

금방 돌아올게.

걔를 마지막으로 만난 게 언제였어?

STEP 1 3번 듣고 영어 따라 써 보기

286 ☑□□

또 누가 이걸 알지?

Who else knows about this?

287 ☑□□

난들 어떻게 알아? (나도 몰라.)

Your guess is as good as mine.

288 ☑□□

(돈이) 얼마나 필요한데?

How much do you need?

289 ☑□□

우리 전에 만난 적 있지 않아요?

Haven't we met before?

290 ☑□□

차를 렌트하러 왔어요.

I'm here to rent a car.

STEP 2 우리말 보고 영어로 2번 써 보기

STEP 3 3번 말하기

또 누가 이걸 알지?

난들 어떻게 알아? (나도 몰라.)

(돈이) 얼마나 필요한데?

우리 전에 만난 적 있지 않아요?

차를 렌트하러 왔어요.

STEP 1 3번 듣고 영어 따라 써 보기

291 ☑☐☐

고장 났어요.

It's out of order.

292 ☑☐☐

점심 나중에 먹으려고.

I'm going to have lunch later.

293 ☑☐☐

나 머리 잘랐어.

I got my hair cut.

294 ☑☐☐

난 쉽게 살이 쪄.

I put on weight easily.

295 ☑☐☐

나 요가 학원 다녀.

I take a yoga class.

이런 말,

영어로 하고 싶었다 2

STEP 2 우리말 보고 영어로 2번 써 보기

STEP 3 3번 말하기

고장 났어요.

점심 나중에 먹으려고.

나 머리 잘랐어.

난 쉽게 살이 쪄.

나 요가 학원 다녀.

STEP 1 3번 듣고 영어 따라 써 보기

296 ☑☐☐

믿거나 말거나.

Believe it or not.

297 ☑☐☐

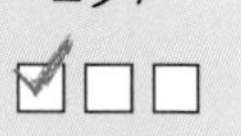

누워서 떡 먹기야. (아주 간단해.)

It's a piece of cake.

298 ☑☐☐

없는 것보단 낫지.

It's better than nothing.

299 ☑☐☐

무소식이 희소식이야.

No news is good news.

300 ☑☐☐

고생 끝에 낙이 온다. (수고가 없으면 얻는 것도 없다.)

No pain, no gain.

STEP 2 우리말 보고 영어로 2번 써 보기

STEP 3 3번 말하기

믿거나 말거나.

누워서 떡 먹기야. (아주 간단해.)

없는 것보단 낫지.

무소식이 희소식이야.

고생 끝에 낙이 온다. (수고가 없으면 얻는 것도 없다.)

핵심 표현 체크하기

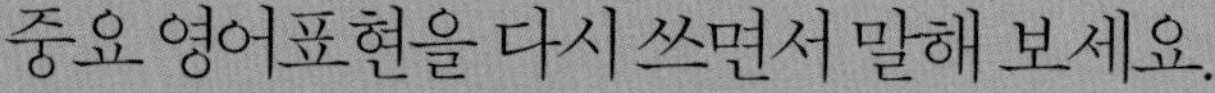

뭐 잘못된 거 있어?

금방 돌아올게.

우리 전에 만난 적 있지 않아요?

차를 렌트하러 왔어요.

고장 났어요.

나 머리 잘랐어.

난 쉽게 살이 쪄.

믿거나 말거나.

무소식이 희소식이야.

고생 끝에 낙이 온다.